AF169454

Inhalt

Kunststoffe - Verstöße gegen Kartellrecht bringen Hersteller in Veruf, trotzdem boomen die "Werkstoffe des 21. Jahrhunderts" wie nie

Kernthesen

Beitrag

Fallbeispiele

Zahlen und Fakten

Weiterführende Literatur

Impressum

GENIOS BranchenWissen Nr. 12/2005 vom 16.12.2005

Kunststoffe - Verstöße gegen Kartellrecht bringen Hersteller in Veruf, trotzdem boomen die "Werkstoffe des 21. Jahrhunderts" wie nie

Autor GENIOS BranchenWissen: A.Schneider

Kernthesen

- 16 Hersteller von Plastiksäcken, darunter auch etliche deutsche Unternehmen, wurden von der Europäischen Kommission für Verstöße gegen das Kartellrecht bestraft.

- Insgesamt werden in Europa rund 50 Millionen Tonnen Kunststoff verbraucht - Pro-Kopf rund 90 kg pro Jahr. Etwa jede dritte Tonne westeuropäischen Kunststoffs stammt aus deutscher Produktion.
- Das größte Volumen haben Polypropylen (PP) und Polyethylen (PE), interessante Wachstumsraten werden von Polyurethan (PUR), Polyethylenterephtalat (PET) und den technischen Kunststoffen erwartet.

Beitrag

Weltweit werden 2005 voraussichtlich 235 Millionen Tonnen Kunststoff produziert, ein Rekordwert. Gleichzeitig bringt in Europa das "Plastiksack-Kartell" die Kunststoffhersteller in Verruf. 16 Hersteller von Plastikverpackungen wurden von der Europäischen Kommission mit Bußgeldern von über 290 Millionen EUR für Verstöße gegen das Kartellverbot bestraft.

Auch deutsche Unternehmen am Plastiksack-Kartell beteiligt

Kunststoffen (Polymere), oft auch eher geringschätzig

- als Plastik bezeichnet, haftete lange Zeit ein eher negatives Image an. Sie galten als Umweltsünder. Inzwischen sind sie gesellschaftlich weitgehend akzeptiert und aus unserem Alltag nicht mehr wegzudenken. Rund drei von vier Befragten sehen Kunststoff als Material heute positiv, bei den Entscheidern liegt der entsprechende Wert sogar deutlich über 80%. (1)

Der aktuelle Skandal um das sog. Plastiksack-Kartell wirft nun allerdings gar kein gutes Licht auf die Hersteller von Plastiksäcken, die als Verpackungsmaterial für Industriegüter, Dünger und Tierfutter dienen. 16 Unternehmen haben jahrelang Preisabsprachen bei Ausschreibungen getroffen und die Aufträge untereinander aufgeteilt. Nun hat die Europäische Kommission ein saftiges Bußgeld verhängt. Auch etliche deutsche Unternehmen müssen dafür bezahlen, dass sie jahrelang von der Missachtung des Wettbewerbsrechts profitiert haben. Zu den Kartellrechtsündern gehören unter anderem die Nordenia International AG (Greven), die Nordfolien GmbH (Steinfeld), die Rheinischen Kunststoffwerke AG (Worms), die JM Gesellschaft für industrielle Beteiligungen (Worms) sowie die Sachsa Verpackung GmbH (Wieda) und Bischof + Klein (Lengerich). (2), (3)

Innovative Werkstoffe des 21. Jahrhunderts

Dabei sind Kunststoffe weit mehr als nur Verpackungsmaterial. Als innovative Werkstoffe finden sie heute in vielen Einsatzbereichen ihre Anwendung. An den in der Chemieindustrie insgesamt erzeugten Gütern haben sie einen Anteil von 21,8%. Der größte Abnehmer für Kunststoffe ist mit 33% die Verpackungsindustrie. Jede dritte Tonne Kunststoff wird zu Tüten, Folien, Flaschen, Beutel, Deckel, Kanister und ähnlichem verarbeitet. Der Baubereich hat zwar um 5,5% verloren, ist aber nach wie vor mit 23,5% der zweitgrößte Einsatzbereich für Kunststoff. Er bietet eine exzellente Wärmedämmung. Als Stichwort sei hier das 3-Liter-Haus genannt. Ohne optimale Wärmedämmung könnten trotz effizienter Energieerzeugung und innovativer Gebäudetechnologie nicht die beachtlichen Energieeinsparungen erreicht werden. Auf Platz drei liegt der Automobilsektor mit einem Anteil von 9%, Tendenz steigend. Viele Teile im Automobil innen, außen und unter der Haube sind heute aus Kunststoff. Das größte Wachstum im Kunststoffeinsatz hat die Elektrotechnik-/Elektronikindustrie mit einem Plus von 6,4% hingelegt.

Deutschland partizipiert gut am boomenden Kunststoffmarkt

Die Kunststoffindustrie setzt sich zusammen aus Produzenten, Verarbeitern und Maschinenbauern. [Abb.1] Sie ist eine Wachstumsbranche. Weltweit werden 2005 voraussichtlich 235 Millionen Tonnen Kunststoff produziert. Auch in Deutschland liegt die Kunststofferzeugung in Deutschland auf Rekordhöhe. Deutschlands Anteil an der Weltproduktion liegt bei 8%. 2004 wurden 17,5 Millionen Tonnen Kunststoffe produziert, 4,2% mehr als im Jahr zuvor. Der Umsatz kletterte um 10,1% auf insgesamt 19,9 Milliarden EUR. Deutschland liegt gut im Rennen: Rund jede dritte Tonne westeuropäischen Kunststoffs stammt aus deutscher Produktion. Insgesamt werden in Europa in diesem Jahr schätzungsweise 50 Millionen Tonnen verbraucht. Der Pro-Kopf-Verbrauch liegt bei rund 90 kg.

Massenkunststoffe: PE, PP, PVC, PS, PUR, PET

Den volumenmäßig größten Anteil haben die Polyolefine Polypropylen (PP) und Polyethylen (PE).

Auch Polyvinylchlorid (PVC) und Polystyrol (PS) zählen zu den Massenkunststoffen. Als Kunststoffarten, denen für die kommenden Jahre das größte Wachstumspotential zugesprochen wird, sind die Polyurethane (PUR), das Polyethylenterephtalat (PET) und die technischen Kunststoffe. Etwa 90% der weltweiten Produktion entfallen auf Polyethylen, Polypropylen, Polyvinylchlorid, Polystyrol, Polyurethan und Polyethylenterephtalat. (1), (4)

Polyethylen (PE)

Polyethylen (PE) ist ein thermoplastischer Kunststoff und gehört zur Gruppe der Polyolefine. Es wurde schon 1898 entdeckt und 1933 erstmals industriell hergestellt. 1953 entwickelten Karl Ziegler und Giulio Natta den Ziegler-Natta-Katalysator, mit dem eine Polymerisation von Ethen auch bei Normaldruck möglich wurde. Die beiden erhielten dafür 1963 den Nobelpreis in Chemie. Seit 1957 wird Polyethylen kommerziell in großen Mengen vor allem in Rohrleitungssystemen für die Gas- und Wasserversorgung und in Verpackungsmaterialien eingesetzt.PE hat eine niedrige Dichte, ist zäh und gut dehnbar. Es brennt gut, ist rückstandsfrei und beständig gegen fast alle polaren Lösungsmittel, Säuren, Laugen, Wasser, Alkohole, Öl und teilweise auch gegen Benzin. Es ist jedoch nicht sehr hitzebeständig und bei Temperaturen von über 80 °C nicht einsetzbar. Es ist ohne geeignete Vorbehandlung nur schlecht zu bedrucken oder zu kleben.

Polyethylen ist mit einem Anteil von ca. 29 Prozent der weltweit am meisten produzierte Kunststoff. Das Anwendungsspektrum ist weit. Typische Produkte sind Müllsäcke, Schrumpffolien und Landwirtschaftsfolien. Weitere Beispiele sind Kabelummantelungen, Rohre, Hohlkörper wie etwa Flaschen für Reinigungsmittel. Aus PE entstehen Spritzgussteile für Verpackungen, Pumpenteile, Zahnräder, Gleitbuchsen, Implantate und Prothesen. (5)

Polypropylen (PP)

Polypropylen gehört auch zu den Polyolefinen. Diese wiederum werden den Thermoplasten zugerechnet (werden bei Hitzeeinwirkung weich). Polypropylen (PP) wurde 1954 entdeckt und wird seit 1957 als Werkstoff in der Produktion genutzt. PP ist ein sehr vielseitiger Werkstoff. Er ist sehr leicht, hat eine niedrige Dichte, einen hohen Schmelzpunkt und vielseitige mechanische Eigenschaften und Verarbeitungsmöglichkeiten. Produzenten und

Verarbeiter entwickeln immer wieder neue Lösungen mit PP. Weltweit werden rund 40 000 kt produziert. Der PP-Markt wächst um durchschnittlich 6% pro Jahr. In Westeuropa lag der Gesamtverbrauch 2003 bei 7 800 kt, der Pro-Kopf-Verbrauch bei 20 kg. Neben der amerikanischen Dow zählen fünf europäische Unternehmen zu den bedeutendsten PP-Herstellern: Basell (2 700 kt), Borealis (1 650 kt), Innovene (früher BP/Solvay, 1 300 kt), Total Petrochemicals (früher Atofina, 1 100 kt) und Sabic (früher DSM, 850 kt).
Die Hauptanwendungsbereiche für PP sind die Verpackung, die Isolation und der Automobilbau. Polypropylen begegnen wir täglich in Teppichen (PP-Fasern), Kaffeemaschinen (PP-Gehäuse), Zahnbürsten (PP-Griff), Müsliriegeln und Eiscremeverpackungen. Auch Folienverpackungen für Textilien und Lebensmittel sind immer häufiger aus PP. 70% des Kunststoffanteils beim Auto ist Polypropylen. Im medizinischen Bereich werden Glasflaschen und PVC-Beutel zunehmend durch transparente Flüssigkeitsbeutel aus PP ersetzt. Ein enormes Wachstum haben in den letzten Jahren PP-basierende LFT-Composites verzeichnet. So erfüllt beispielsweise die Unterbodenverkleidung aus langglasfaserverstärktem PP bei einem Auto die hohen Anforderungen hinsichtlich Schalldämmung und Korrosionsschutz. Da neue Polypropylenprodukte sogar die Anforderungen nach

Sterilisierbarkeit und Heißabfüllbarkeit erfüllen, erobern sie sich ein neues Anwendungsfeld: Flaschen. Der Verbraucher kann immer häufiger Frischmilch und Milchprodukte, stilles Mineralwasser, Saucen oder Reinigungsmittel statt in Glasflaschen in Flaschen aus modernem PP kaufen. (6), (7)

Polyvinylchlorid (PVC)

Weltweit wurden 2004 mehr als 29 Millionen Tonnen PVC verbraucht. Die größte Verbrauchsregion ist Asien (47%), gefolgt von Nordamerika (24%) und Westeuropa (19%). In Westeuropa hat Deutschland die größte Produktionskapazität (2 100 000 t/a) und den größten Bedarf (1 620 000 t/a). Dahinter liegen Frankreich und Benelux. In Westeuropa besteht tendenziell ein Kapazitätsüberhang. In Mittel- und Osteuropa hingegen ist der PVC-Bedarf extrem steigend. Hier werden hohe Kapazitäten aufgebaut.Die fünf größten PVC-Hersteller nach Produktionskapazität waren 2004 EVC, Solvin, Arkema, Vinnolit und Norsk Hydro. Dabei ist Arkema im Oktober 2005 als neues Unternehmen entstanden, als Total seine PVC-Einheit Atofina ausgliederte. Bei PVC lassen sich groß Hartprofilanwendungen und Pasten-PVC unterscheiden. PVC ist ein sehr vielseitiger Werkstoff. Sein Haupteinsatzgebiet ist der

Bausektor. 55% aller Fensterrahmen in Deutschland sind aus PVC. Rohre, wie z.B. in der Abwasser- und Trinkwasserversorgung, sind in der Regel aus PVC. Der drittgrößte Einsatzbereich sind Hartfolien und Platten. [Abb.3]

Bei PVC gibt es (wie bei vielen anderen Kunststoffen auch) viele technische Verfahrensfortschritte und Verbesserungsinnovationen, die zu immer besseren Funktionalitäten und neuen Anwendungsbereichen führen. So gibt es beispielsweise inzwischen direkt bedruckbare Planen für Werbeträger aus PVC, PVC-Böden mit Metallic-Effekten und PVC-beschichtetes Gewebe zur besseren Schalldämmung von Gebäuden. (8), (9)

Polystyrol (PS)

Bei Polystyrol lassen sich grob zwei Arten unterscheiden: zum einen das thermoplastische Polystyrol, zum anderen die Schaumstoffe. Das thermoplastische Polystyrol ist hart, schlagempfindlich, altert relativ schnell und sollte nicht über 55 Grad Celsius erhitzt werden. Es wird beispielsweise verwendet für Butterdosen, CD-Boxen, und dient als Gehäusewerkstoff für Telefone, Drucker, Fernseher. Man findet es auch als Legostein. 2004 wurden weltweit 16 Millionen Tonnen produziert.Schaumstoffe sind natürlich weicher, können grobporig oder feinporig sein. Am bekanntesten sind sie unter der Handelsmarke Styropor. Sie werden eingesetzt in Lebensmittelverpackungen (z.B. Joghurtbecher), als schalldämpfendes Verpackungsmaterial, zur Wärmedämmung in Gebäuden und als Baumaterial im Architektur-Modellbau. (10)

Polyurethane (PUR)

Polyurethane wurden 1937 zum ersten Mal von Otto Bayer in den Labors der Bayer AG Leverkusen hergestellt. 1940 begann die industrielle Produktion. Polyurethane können je nach Herstellung hart und spröde, aber auch weich und elastisch sein. Am bekanntesten ist PUR in aufgeschäumter Form als Schaumgummi oder Bauschaum.Weltweit wurden 2004 rund 10,8 Millionen Tonnen Polyurethane verbraucht. Das Marktwachstum liegt derzeit bei rund 5% pro Jahr und wird auch für die kommenden Jahre auf etwa diesem Niveau erwartet.
Bayer Material Science AG ist Weltmarktführer. Dahinter positionieren sich BASF AG/Elastrogran, Dow Chemical und Huntsman. Der Markt ist derzeit gekennzeichnet von beachtlichen Kapazitätserweiterungen, vor allem in der größten

Wachstumsregion Asien/Pazifik entstehen beachtliche Produktionsanlagen.

Die Haupteinsatzgebiete für Polyurethane sind der Weichschaumsektor mit 43% (Matratzen, Möbel, Formschaum), der Hartschaumsektor mit 25% (Bau/Wärmedämmung, Isolationszwecke bei Kühlgeräten), Beschichtungen mit 10% und Kleb- und Dichtstoffe mit 4%.

Die Hauptanwendungsbranchen sind demzufolge die Möbel- und Matratzenhersteller, gefolgt von der Wärmeisolation am Bau und bei Haushaltsgeräten und schließlich die Automobilindustrie. [Abb.2] In der Möbel- und Matratzenherstellung liegen einerseits emissionsarme PUR-Produkte für den Wohnbereich und andererseits PUR-Produkte mit hohem Flammschutz im Trend.

PUR-Hartschaumstoffe sind seit Jahren als äußerst effektive Dämmstoffe bekannt. Gerade angesichts zunehmender gesetzgeberischer Energiesparvorschriften kommen beispielsweise moderne PUR-Wärmedämm-Verbundsysteme auf Basis von PUR-Rohstoffen wie gerufen. Dämmplatten aus PUR-Hartschaum sind im Bau nichts Neues. Hier findet inzwischen eine Weiterentwicklung hin zu Polyisocyanuratschaumstoffen (PIR) statt. Sie bieten einen noch besseren Flammschutz und sind in höchstem Maße hitzebeständig. Sie halten kurzzeitig Temperaturen bis zu 250 Grad C aus und sind so für die Dämmung sehr heißer Rohre geeignet und

können unter Gussasphalt eingesetzt werden.
Gas- und Ölpipelines werden mit Isolierungen und Dämmmaterialien aus PU vor Kälte, Hitze, Wasser, Druck und Stoß geschützt.
Im Automobilbau wird PUR-Schaum seit Jahren als Formpolster eingesetzt. An neuen innovativen Ideen und Umsetzungen auf der Basis von Polyurethanen mangelt es nicht. So gibt es die Idee, den Motorblock eines Autos komplett mit PUR-Hartschaum zu ummanteln und ihn so thermisch zu isolieren. Die Vorteile liegen auf der Hand: weniger Kaltstarts (gerade im Winter!), weniger Spritverbrauch, weniger Lärm und weniger Schadstoffemission. Und der neue Opel Zafira kann auf Kundenwunsch mit einem Panorama-Dachsystem ausgestattet werden. Dieses wird mittels modernster PUR-Folienhinterschäumung hergestellt, das langglasfaserverstärkte PU sorgt für eine hohe mechanische Stabilität. [11], [12]

Polyethylenterephtalat (PET)

PET ist ein durch Polykondensation hergestellter thermoplastischer Kunststoff aus der Familie der Polyester. Es ist schlagzäh, bruchfest und formbeständig. Die bekanntesten Verwendungszwecke von PET sind zum einen Lebensmittelverpackungen Kunststoffflaschen. Hier löst die leichte, ökonomisch und ökologisch vorteilhafte Kunststoffflasche aus PET sukzessive die traditionelle, aber viel schwerere Glasflasche und auch Getränkedosen ab. Zum anderen wird PET zur Textilfaser Polyester verarbeitet. Es ist prima geeignet als Stoff für Sportkleidung, denn PET ist knitterfrei, reißfest, witterungsbeständig und nimmt nur sehr wenig Wasser auf, trocknet also schnell. PET wird auch zur Herstellung von Filmmaterial fürs Kino verwendet. Aufgrund seiner guten Gewebeverträglichkeit wird PET auch als Werkstoff im medizinischen Bereich für Blutgefäßprothesen verwendet. (13)

Fallbeispiele

Weitere Kunststoffe, die nicht zu den dargestellten Massenkunststoffen zählen, sind folgende: (4)
Acrylnitril-Butadien-Styrol-Copolymerisat
Acrylester-Styrol-Acrylnitril-Terpolymer
Celluloseacetet
Epoxidharz
Flüssigkristalline Kunststoffe (14)
Harnstoff-Formaldehydharz
Isopren-Kautschuk

Melamin-Formaldehydharz
Naturkautschuk
Phenol-Formaldehydharz
PET-Compounds (15)
Polyacetal
Polyacryletherketon (16)
Polyactid
Polyamid (17)
Polybutylentherephthalat (18)
Polycarbonat (19)
Polychlortrifluorethylen
Polyester
Polyisobutylen
Polymethylmethacrylat (20)
Polyoxymethylen (21)
Polyphenylenether (22)
Polyphenylensulfid (23)
Polystyrol schlagfest
Polysulfone (24)
Polytetrafluorethylen
Polyvinylacetat
Silikonkautschuk
Styrolcopolymere (25)
Technische Elastomere (26)
Zellulosenitrat

Zahlen & Fakten

Struktur der Kunststoffindustrie in Deutschland im Jahr 2004

	Zahl der Unternehmen	Zahl der Beschäftigten	Umsatz in Mrd. EUR
Kunststoff-Erzeuger	50	52.100	19,9
Kunststoff-Verarbeiter	2.800	279.400	43,6
Maschinenbau	760	46.000	7,1
Gesamt	3.610	377.500	70,6

Quelle: PlasticEurope Deutschland

Entnommen aus: Kunststoffe, Heft 10/2005, S. 34-37 (1)

Hauptanwendungsgebiete für Polyurethane

Weltweiter PUR-Verbrauch im Jahr 2004: 10,8 Mio. t

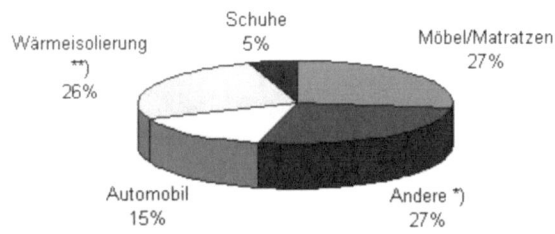

*) Andere = Lacke, Beschichtungen, Klebstoffe,

Kunstleder, Elastomere, Fasern, Integralschäume, TPU, Vergussmassen

**) Wärmeisolierung = Bau, Haushaltsgeräte etc.

Quelle: Bayer MaterialScience AG

Entnommen aus: Kunststoffe, Heft 10/2005, S. 161-167
(11)

PVC-Einsatzgebiete in Westeuropa

Weltweiter PVC-Verbrauch im Jahr 2004: 29 Mio. t

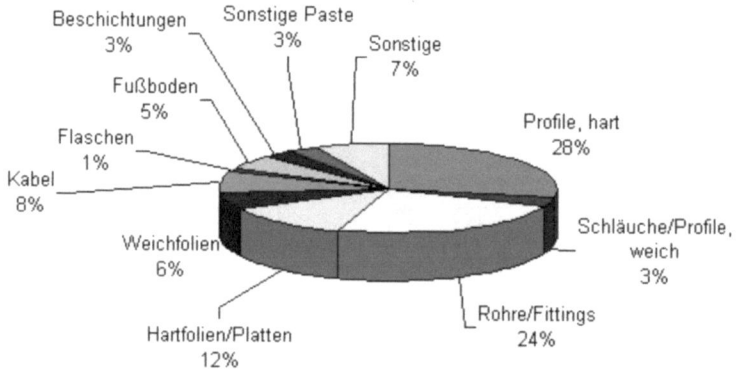

Quelle: Kunststoffe

Entnommen aus: Kunststoffe, Heft 10/2005, S. 38-43
(8)

Weiterführende Literatur

(1) » Stetige Innovation ist wesentliche Voraussetzung « Dr. Günter Hilken über die Zukunft der Kunststofferzeugung in Deutschland, Europa und der Welt
aus Kunststoffe, Heft 10/2005, S. 34-37

(2) EU-Bußgelder für Kartellsünder
aus Frankfurter Allgemeine Zeitung, 01.12.2005, Nr. 280, S. 18

(3) EU verhängt hohes Bußgeld gegen Plastiksack-Kartell 16 Unternehmen müssen 290 Mio. Euro zahlen
aus Financial Times Deutschland vom 01.12.2005, Seite 7

(4) O.V., Kunststoff, www.wikipedia.de
aus Financial Times Deutschland vom 01.12.2005, Seite 7

(5) O.V., Polyethylen, www.wikipedia.de
aus Financial Times Deutschland vom 01.12.2005,

Seite 7

(6) O.V., Polypropylen, www.wikipedia.de
aus Financial Times Deutschland vom 01.12.2005, Seite 7

(7) Polypropylen (PP)
aus Kunststoffe, Heft 10/2005, S. 60-67

(8) Polyvinylchlorid (PVC)
aus Kunststoffe, Heft 10/2005, S. 38-43

(9) O.V., Polyvinylchlorid, www.wikipedia.de
aus Kunststoffe, Heft 10/2005, S. 38-43

(10) O.V., Polystyrol, www.wikipedia.de
aus Kunststoffe, Heft 10/2005, S. 38-43

(11) Polyurethane (PUR)
aus Kunststoffe, Heft 10/2005, S. 161-167

(12) O.V., Polyurethan, www.wikipedia.de
aus Kunststoffe, Heft 10/2005, S. 161-167

(13) O.V., Polyethylenterephtalat, www.wikipedia.de
aus Kunststoffe, Heft 10/2005, S. 161-167

(14) Flüssigkristalline Kunststoffe (LCP)
aus Kunststoffe, Heft 10/2005, S. 148-151

(15) PET-Compounds
aus Kunststoffe, Heft 10/2005, S. 126-127

(16) Polyaryletherketon (PAEK)
aus Kunststoffe, Heft 10/2005, S. 152-155

(17) Polyamid (PA)
aus Kunststoffe, Heft 10/2005, S. 84-89

(18) Polybutylenterephthalat (PBT)
aus Kunststoffe, Heft 10/2005, S. 128-131

(19) Polycarbonat (PC)
aus Kunststoffe, Heft 10/2005, S. 90-98

(20) Polymethylmethacrylat (PMMA)
aus Kunststoffe, Heft 10/2005, S. 114-119

(21) Polyoxymethylen (Polyacetale, POM)
aus Kunststoffe, Heft 10/2005, S. 101-106

(22) Polyphenylensulfid (PPS)
aus Kunststoffe, Heft 10/2005, S. 132-138

(23) Polyphenylensulfid (PPS)
aus Kunststoffe, Heft 10/2005, S. 132-138

(24) Polysulfone (PSU, PESU, PPSU)
aus Kunststoffe, Heft 10/2005, S. 139-142

(25) Styrolcopolymere
aus Kunststoffe, Heft 10/2005, S. 78-83

(26) Technische Elastomere
aus Kunststoffe, Heft 10/2005, S. 173-186

Impressum

Kunststoffe - Verstöße gegen Kartellrecht bringen Hersteller in Veruf, trotzdem boomen die "Werkstoffe des 21. Jahrhunderts" wie nie

Bibliografische Information der deutschen Nationalbibliothek

Die Deutsche Nationalbibliothek verzeichnet diese Publikation in der deutschen Nationalbibliografie; detaillierte bibliografische Daten sind im Internet über http://dnb.d-nb.de abrufbar.

ISBN: 978-3-7379-2214-2

© 2015 GBI-Genios Deutsche Wirtschaftsdatenbank GmbH, Freischützstraße 96, 81927 München, www.genios.de

Alle Rechte vorbehalten. Dieses Werk ist einschließlich aller seiner Teile – z.B. Texte, Tabellen und Grafiken - urheberrechtlich geschützt. Jede Verwertung außerhalb der Grenzen des Urheberrechtsgesetzes bedarf der vorherigen

Zustimmung des Verlags. Dies gilt insbesondere auch für auszugsweise Nachdrucke, fotomechanische Vervielfältigungen (Fotokopie/Mikroskopie), Übersetzungen, Auswertungen durch Datenbanken oder ähnliche Einrichtungen und die Einspeicherung und Verarbeitung in elektronischen Systemen.